STADTKIRCHE CELLE

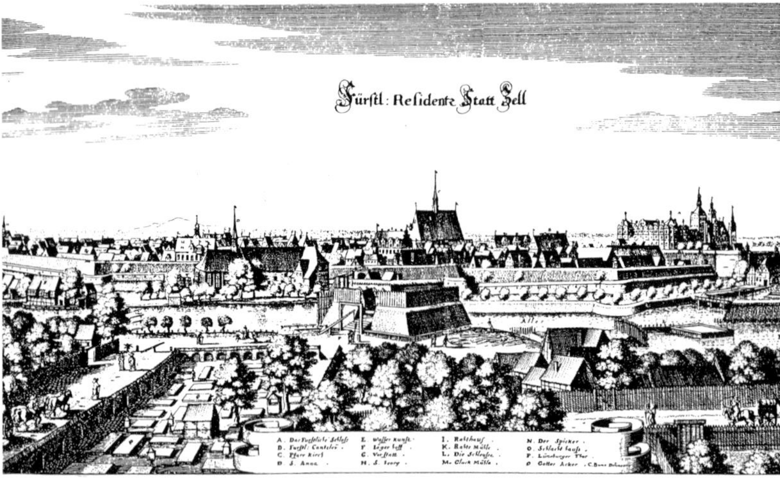

Ausschnitt aus einer Stadtansicht von Celle, Matthäus Merian; in der Mitte die Stadtkirche mit Dachreiter

Ev.-Luth. Stadtkirche

ST. MARIEN CELLE

Lüneburger Heide Niedersachsen

Lage und Geschichte

Die Stadt Celle entstand aus dem Markt Celle, dem heutigen Altencelle, das im späten 10. Jahrhundert als „Kellu" bezeugt und ca. 4 km südöstlich vom jetzigen Stadtzentrum entfernt ist. Der Name Celle entstammt dem sächsischen Wort „Kille" und bedeutet „am Wasser gelegen".
1292 verlegte Herzog Otto der Strenge (1282–1320), ein Urenkel Heinrichs des Löwen, seine Burg und den Ort flußabwärts auf eine Talsandinsel am Zusammenfluß von Aller und Fuhse. Als wichtiger Schnittpunkt sich hier kreuzender Heer- und Handelsstraßen, wehrtechnisch und strategisch günstig gelegen, blühte die Stadt schnell auf.
1371 nahm Herzog Magnus hier seine Residenz, und 1378 verlegte Herzog Albrecht die Residenz des Fürstentums Braunschweig–Lüneburg von Lüneburg nach Celle. Nach dem Ende des Lüneburger Erbfolgekrieges

1388 wurde Celle welfische Residenz und blieb es bis zum Erlöschen der Celler Linie im Jahre 1705.
Handel und Schiffahrt sowie die fürstliche Hofhaltung mehrten den Reichtum der mittelalterlichen Stadt. Bereits unter Herzog Ernst dem Bekenner (1497–1546) wurde der Grundriß der Stadt im Schachbrettsystem nach Süden hin gezielt erweitert.
Dieser bedeutende Renaissancefürst führte mit dem Theologen *Urbanus Rhegius* (1489–1546) seit 1526 behutsam und umsichtig die Reformation in Celle ein. Nach dem Augsburger Religionsfrieden im Jahre 1555 setzte sein Sohn, Herzog Wilhelm der Jüngere (1535–1592), den Aus- und Aufbau einer stabilen Landeskirche fort. Auch dessen Sohn, Herzog Ernst II. (1564–1611), berief mit *Johann Arnd* (1555–1621) einen Generalsuperintendenten in sein Amt, der sich als Geistlicher und Verfasser von theologischen Erbauungsschriften einen Namen über die Landesgrenzen hinaus machte.
Eine letzte Blüte als Residenzstadt erfuhr Celle unter Herzog Georg Wilhelm (1624–1705). Der italienische Barockkünstler Giovanni Battista Tornielli stattete sowohl das Celler Schloß als auch die Stadtkirche mit kostbaren Stuckarbeiten im Stil des italienischen Hochbarocks aus.
Nach dem Erlöschen der welfischen Herzogslinie in Celle im Jahre 1705 blieb der Stadt jedoch die Generalsuperintendentur in kurhannoverschen Landen erhalten. Der Generalsuperintendent *Friedrich Jakobi* (1712–1791) war ein beredter Prediger und vielseitiger Schriftsteller im aufgeklärten 18. Jahrhundert. Neben der Schaffung eines neuen Katechismus und einer Liedgutsammlung trat er als erster Direktor der Königlichen Landwirtschaftlichen Gesellschaft für die Verbesserung der Landwirtschaft und ihres Standes ein.
Die Wirren des Siebenjährigen Krieges, die Befreiungskriege sowie die Einverleibung des Königreiches Hannover in den preußischen Staatsverband im Jahre 1866 hinterließen in der Bausubstanz Celles keine Spuren. Auch die beiden Weltkriege verschonten die Stadt weitgehend.
Als ihr weithin sichtbares Wahrzeichen belebt erst seit 1913 der 74 m hohe Turm der Stadtkirche die Silhouette der Stadt.

Zur Baugeschichte der Stadtkirche

Die Entstehung der Stadtkirche reicht in die Zeit der Stadtgründung Celles, am Ende des 13. Jahrhunderts, zurück. Der die Fachwerkbauten der Stadt überragende Hohe Chor der Stadtkirche mit seinem 7/12-Schluß, den hohen Spitzbogenfenstern und dem mächtigen Ziegeldach ist der älteste

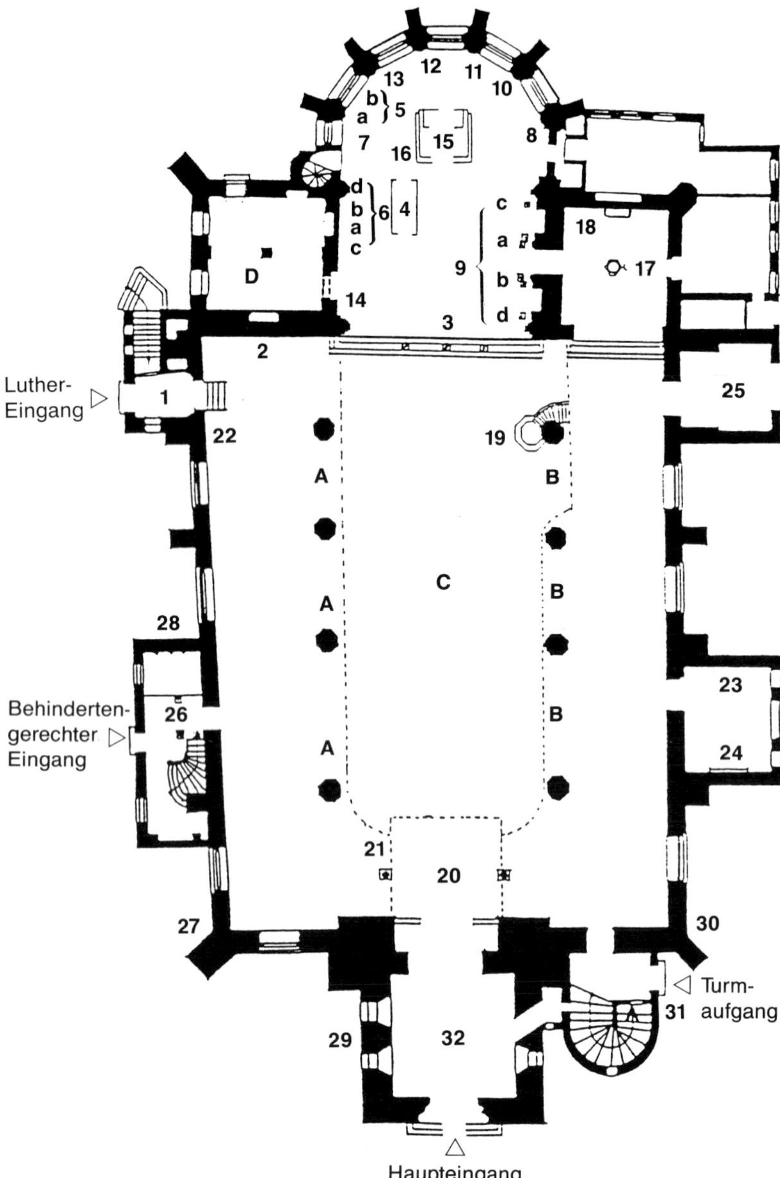

12
11
13
10
b
a
5
7
15
16
8
d
b
a
c
6
4
c
a
b
d
9
18
17
D
14
3
2
Luther-
Eingang
1
25
22
19
A
B
C
A
B
28
23
Behinderten-
gerechter
Eingang
26
B
A
24
21
20
27
30
Turm-
aufgang
31
29
32
Haupteingang

Legende zum Grundriß

1 **Lutherhalle**, 1899 – Nordeingang
2 **Gedächtnistafel** für die Gefallenen der Deutschen Legion, 1819
3 **Kreuzigungsgruppe** (um 1500) unter dem Triumphbogen
4 **Fürstengruft**, 1576

Epitaphe im Hohen Chor

5a Ernst der Bekenner (1497–1546), Schule Cornelius Floris, Antwerpen, 1576
b Sophie v. Mecklenburg (1507–1541)
6a Wilhelm d. Jüngere (1535–1592), von Hans Winter, Bremen, 1594
b Dorothea v. Dänemark (1546–1617)
c Ernst II. (1564–1611), von J. Röttger, Braunschweig,1612
d Christian (1566–1633), von Jürgen Tribb, Obernkirchen, 1634
7 August (1568–1636), von Jürgen Tribb, Obernkirchen, 1637
8 Friedrich (1574–1648), von Jürgen Tribb, Obernkirchen, 1650
9a Georg v. Calenberg (1582–1641), von Jürgen Tribb, Obernkirchen, 1643
b Anna Eleonore v. Hessen (1601–1659)
c Christian Ludwig (1622–1659), von Johann Arnold Fischer, Flandern, 1669/70
d Georg Wilhelm (1624–1705), nach einem Porträt von Lafontaine, 1707

Grabplatten an der östl. Chorwand

10 Ernst d. Bekenner (1497–1546), von Albert von Soest
11 Sophie v. Mecklenburg, vermutlich nach Gemälde von Cranach
12 Franz Otto (1530–1559), von Jürgen Spinnrad, Braunschweig
13 Friedrich (1532–1553), von Jürgen Spinnrad, Braunschweig

14 **Doppelstuhl**
15 **Altar**, 1613
16 **Chorgestühl**, 1607
17 **Taufstein**, Werkstatt Röttger, 1611
18 **Bergpredigeraltar**, von Erich Klahn (1954)
19 **Kanzel**, von Peter Christian Limmer, 1684
20 **Orgelprospekt**, von Schultze, Hoya, und Gröber, Osterode, 1653–1697
21 **Fürstenstuhl** mit wertvollen Intarsien, 1566
22 **Epitaph** des Kanzlers Affelmann, 1651, von Jürgen Tribb (auf der 1. Empore)

Petershalle (Raum der Stille)

23 Kruzifix von Gorsemann, Bremen, 20. Jh.
24 Grabplatte H. Desmier, 1675

25 **Johanneshalle** von Tile Suff, 1661 (Kronenzierat: Christus, Johannes Maria, von Peter Köster)

26 **Hodenberg-Winterstedt'sche Begräbnishalle** (1628–1657) Behindertengerechter Eingang

Grabmäler außerhalb der Kirche

27 Grabmal des J. de Fabrice, 1740
28 Grabmal des Johann Witte, 1679
29 Grabmal von Marquard, 1740
30 Grabmal J. Hildebrandt, † 1691

31 **Turmaufgang**, 1914
32 **Turmhalle**, 1914 – Haupteingang

A **Brüstung** mit Schnitzwerk von P. C. Limmer, 1692, und Emporenbilder mit Szenen aus dem Neuen Testament, Celler Werkstätten, 17. Jh.

B **Brüstung** mit Schnitzwerk von P. C. Limmer, 1692, und Emporenbilder mit Szenen aus dem Alten Testament, Celler Werkstätten, 17. Jh.

C **Stuckarbeiten** von G. B. Tornielli, 1676–1681: Decken, Apostelfiguren, Triumphbogen

D **Sakristei** mit gotischem Gewölbe, 14. Jh.

noch erhaltene Baukörper des Gotteshauses. Er stellt gleichsam das große Haus unter den Häusern der Stadt dar. Die ursprünglich rein gotische, querschifflose, aus Backsteinen errichtete dreischiffige Hallenkirche wurde im Jahre 1308 „unserer lewen frowe" – der Jungfrau Maria – geweiht. Sie liegt auf einer Anhöhe zwischen Schloß, Rathaus und Bürgerhäusern in unmittelbarer Nähe des Marktes und hat somit einen besonderen Platz im Herzen der Stadt und ihrer Einwohner.

Das Langhaus wurde während des 14. Jahrhunderts in mehreren Bauphasen errichtet, wie dieses die unterschiedlichen Jochgrößen zeigen. Während des 16. und 17. Jahrhunderts wurde die Kirche wesentlich umgestaltet. Der bis dahin sichtbare Backstein wurde innen wie außen durch einen Wandverputz verdeckt. Das Mittelschiff hat fünf Joche, von denen die zwei westlichen in ihrer Ausdehnung größer sind.

Die heute im Innern der Kirche sichtbaren architektonischen Formen und Ausstattungsstücke wurden im Laufe der Jahrhunderte den jeweiligen Vorlieben und Strömungen der Zeit angepaßt. Das macht das Ensemble vielfältig, ja vielseitig, und spiegelt somit in vielen Brechungen menschliche Geschichte und religiöse Entwicklungen.

Besonders die umwälzenden Neuorientierungen der nachreformatorischen Zeit und die Eingriffe des bis zum Jahre 1705 regierenden braunschweigisch-lüneburgischen Herzogshauses haben tiefe Spuren hinterlassen. Die in vorreformatorischer Zeit vorhandenen 17 Altäre wurden auf einen reduziert. In die Seitenschiffe wurden Emporen für die wachsende Gemeinde eingebaut, damit sie auch räumlich nahe an das von der Kanzel verkündete Wort rückte. Die prächtige Ausstattung des Hohen Chores übernahm das Herzogshaus, dem noch heute die Gruft als Grablege der Welfen gehört. Aber auch das die Kirche mittragende Bürgertum ist vielerorts präsent. Erst 1913 errichtete man vor dem Westwerk den die Silhouette der Stadt beherrschenden Kirchturm. Er nimmt die beschwingten Proportionen des barocken Dachreiters von Johann Caspar Borgmann aus dem Jahre 1717 auf und steigert die Größe des Gotteshauses. Seit 1530 hatte die Kirche nur einen jetzt auf dem östlichen Dach befindlichen Dachreiter.

Stuckdecke, Übergang vom Chor zum Chorabschluß, 1676–1681 ▷

Mittelstück des Altars im geöffneten Zustand

Der Altar, 1613 (Beschreibung S. 11 f.) ▷

Die Epitaphe

Von überregionaler Bedeutung sind die zwischen 1576 und 1707 entstandenen Epitaphe (Grabmäler) der welfischen Herzöge und ihrer Frauen. Sie zeigen Bilder von Menschen, die dem Tod und dem Leben in sehr unterschiedlicher Weise begegnen. Die Spanne des in Stein gehauenen, sichtbaren Verhaltens reicht von stiller, konzentrierter Ergebenheit im Grabmal Ernst des Bekenners († 1546) bis zu herausfordernder, lässiger Überlegenheit des absolutistischen letzten Celler Herzogs Georg Wilhelm († 1705). Ob die Fürstinnen und Fürsten sich selbst auch so gesehen haben, wie man sie im Hohen Chor dargestellt hat, werden wir nicht erfahren, zumal die meisten Bildwerke erst nach dem Tode angefertigt wurden. Die in seltener Geschlossenheit vorliegende Reihe von Epitaphien bildet ein eindrucksvolles Zeugnis vom Wandel der Zeiten und ihrer Ziele, eine Quelle der Erkenntnis für den Theologen, den Kunstliebhaber, den Historiker und den am menschlichen Sein Interessierten.

Die Stuckarbeiten

Eine Verschmelzung verschiedener Stilepochen sowie eine Neuinterpretation geistig-religiöser Gehalte hat der italienische Künstler Giovanni Battista Tornielli in den Jahren 1676–1681 mit seinen den gesamten Kirchenraum überziehenden Stuckarbeiten (**C**) geliefert. So beläßt er etwa im Chorraum der Stadtkirche die ursprünglich gotischen Kreuzrippen in ihrer Grundform, überzieht diese jedoch mit schuppigem Blattwerk und entfaltet auf den Gewölbekappen ein vielfältiges, paradiesisches Leben in Stuck. Putten halten Kronen, aus Akanthusblattranken wachsen jungfräuliche Figuren, Rosetten und Muscheln künden von Entstehung und Vollendung göttlicher Schönheit. Die wandelnde Kraft des durch die hohen Fenster einströmenden Lichtes hat Tornielli deutlich in die Gestaltung miteinbezogen. Der wechselnde Sonnenstand im Verlaufe des Tages erweckt die vollplastischen Figuren zu immer wieder neuer Lebendigkeit (Abb. S. 7).
Wie vielfältig und jeweils den räumlichen oder ikonographischen Erfordernissen angepaßt Tornielli zu formen vermochte, belegen die so unterschiedlichen Arbeiten an verschiedenen Orten der Kirche. Über der Gemeinde, an den Gewölben des Langhauses, entwickelt sich ein geometrisch klarer, harmonischer Garten aus Blumengirlanden und kunstvoll gegliederten Wegen und Flächen. Über dem Triumphbalken mit der Kreuzigungsgruppe halten Putten im Dämmerlicht des Raumes, der Trauer herausfordernden Szene angemessen, die Leidenswerkzeuge Christi. Vor die tragenden Pfeiler der Kirche hat Tornielli die zwölf Apostel

auf Konsolen postiert; sie scheinen sich aus der Schwere der Wand zu lösen und dynamisch zu missionarischer Tat zu schreiten.
Torniellis differenzierende Behandlung der unterschiedlichen Architekturzonen mit handwerklich komplizierten und künstlerisch anspruchsvollen Stuckarbeiten sowie seine Fähigkeit, Inhalte, Formen und räumliche Situationen deutlich aufeinander zu beziehen, neu zu interpretieren und zu einer kraftvollen Aussage zu steigern, weisen ihn als einen bisher unterschätzten Künstler aus, der sich durchaus mit den Großen seiner Zunft messen kann. In den Jahren 1993–1999 wurde die Stuckdecke umfangreicher Sanierungsarbeiten unterzogen.

Der Altar
Als weiteres Beispiel hoher künstlerischer Gestaltungskraft kann der von Herzog Christian 1613 gestiftete Altar (**15**) gelten. In ihm verbinden sich Einflüsse des späten Mittelalters mit den Renaissance-Programmen protestantischer Kirchen und bereits aufkeimenden Ideen und Formen des Barock. Es ist ein Altar der Übergangszeit, der aus der Verschmelzung der Elemente seinen besonderen Reiz bezieht. So ist er in seinem Zentrum noch mit den klappbaren Flügeln des Mittelalters versehen, während daneben die Säulen des Frühbarock zu finden sind (Abb. S. 8 und 9). Die Altarmensa stammt wohl noch aus der Entstehungszeit der Kirche.
Seit der Restaurierung 1967/68 erstrahlt der Altaraufbau wieder in seiner ursprünglichen Farbfassung. Die Gemälde stellen Begebenheiten aus dem Leben Jesu dar. Dominierend ist das Mittelbild mit der Kreuzigungsszene. Darüber im Rundbogenrahmen ist die Auferstehung Jesu dargestellt. Im Auszug hat sich der Stifter mit seinem Wappen verewigt. Die Predella zeigt eine verkleinerte Wiedergabe des Abendmahls-Gemäldes von Marten de Vos in der Celler Schloßkapelle (siehe Schnell, Kunstführer Nr. 1439). Der Altaraufbau wie der plastische Schmuck werden der Braunschweiger Werkstatt *Jürgen Röttgers* zugeschrieben. Die Gemälde des Altares, ausgenommen die Kreuzigungsszene, stammen vermutlich vom Celler Hofmaler *Wilhelm te S. Simon*. Die lebendige Kontur des Altars wird fernerhin durch manieristische Engelsfiguren zu seiten des Auszugs erreicht, der von der Figurengruppe der Trinität bekrönt wird. Außerdem trägt der Wechsel von flächig-geometrischen und vegetativ-plastischen Formen, von Malereien, Reliefs und vollplastischen Werken aus so verschiedenen Materialien wie Holz, Stein, Gold und Silber zu der reichorchestrierten, aber dennoch einheitlichen Gesamtwirkung bei.
Dem aufmerksamen Betrachter der Kirche wird auffallen, daß Hunderte von unterschiedlich gestalteten Engeln den Raum bevölkern. Von den Ein-

Innenansic

gängen über Pfeiler, Fenster und Emporen bis in die höchsten Zonen des Chores finden wir die gemalten oder plastisch gestalteten Götterboten. Allein am Altar gibt es viele Variationen. Im unteren Bereich der Predella bilden schlichte, pausbäckige Engelköpfe, die unbeirrt und freundlich lächeln, eine vertrauensvolle Basis. Darüber verleiten verhalten blickende Engel neben den Passionsbildern zur Meditation oder winken lebhaft, eine frohe Botschaft verkündend, der Gemeinde zu. Im oberen Teil des treppenartig abgestuften Altars stehen dann in stolzer Pose die Engel mit den großen, farbig reizvoll abgestimmten Flügeln, die Marterwerkzeuge Christi als Zeichen des Triumphs präsentierend.

Die Emporen

Obwohl in einer protestantischen Kirche traditionsgemäß das Wort die tragende Rolle spielt, haben im Barock viele **Gemälde** an den im 17. Jahrhundert eingebauten Emporen (**A**, **B**) ihren Eingang in die Kirche gefunden. Wie ein farbiges Band umziehen sie das Mittelschiff, eine Bilderbibel von großer Geschlossenheit und einzigartigem Umfang. Ihre Themen sind im Südteil des Langhauses dem Alten Testament und im Nordteil dem Neuen Testament entnommen. Nicht so sehr die künstlerische Qualität der fast ausschließlich in Celler Werkstätten gefertigten über 100 Bilder vermag zu überraschen als vielmehr die hohe Zahl und die Konsequenz des Programmes. Details und Darstellung sind aus dem Kirchenschiff für den Betrachter kaum sichtbar, dennoch reizen die Inhalte der Bilder dazu, das biblische Geschehen zu identifizieren. Gemalt wurden die Bilder größtenteils zwischen 1695 und 1698 in Celler Werkstätten von *Konrad Schüler, Johann Brusz* und *Henning Fischer*. Als Vorlagen dienten z. T. Bilder aus der Sternschen Bibel aus dem Jahre 1672. Insgesamt stellt die stark farbige Bilderreihe einen reizvollen Kontrast zum Weiß des Stucks und dem Gold der Ornamentik dar.

Rundgang durch die Stadtkirche

Wir betreten die Stadtkirche durch die geräumige **Turmhalle** (**32**). Nach dem noch von der Gotik geprägten schlichten Äußeren der Kirche nehmen wir zunächst die für ein evangelisches Gotteshaus in Norddeutschland überraschend prächtige barocke Ausstattung in uns auf. Der Blick wandert über das stuckverzierte **Tonnengewölbe** (**C**) nach vorn zum Triumphbogen, dem Durchgang vom Langhaus zum Hohen Chor, wo auf einem reichverzierten Balken die **Kreuzigungsgruppe** (**3**) eines unbekannten Meisters steht, die vermutlich um 1500, also in vorreformatorischer Zeit, entstanden ist. In Mitleid herausfordernder Weise wird dem Betrachter der

Epitaph des Herzogs Ernst d. Bekenners (1497–1546) und seiner Gemahlin Sophie von Mecklenburg (1507–1541)

Taufstein (1611) aus der Werkstatt Röttger und Bergpredigeraltar von E. Klahn (1954)

Kanzel von Peter Christian Limmer, 1684

ausgemergelte, mit stark geschwollenen Adern versehene und nur mit einem Lendenschurz bekleidete Körper Christi vor Augen geführt. Dem nur noch wenig geöffneten Mund scheint der letzte Lebenshauch zu entweichen, der Kopf ist leicht gesenkt, die Lider fallen schwer herab auf die bereits gebrochenen Augen – ein holzgeschnitztes, farbig gefaßtes Werk von großer Ausdruckskraft. Die Figuren der Maria und des Johannes sind in lange Gewänder gehüllt. Stumme Trauer ist ihrer Körpersprache und ihrer Physiognomie zu entnehmen.
Die gußeiserne **Gedächtnistafel** (**2**) am nördlichen **Luther-Eingang** (**1**) wurde im Jahre 1819 für die Gefallenen der Deutschen Legion angebracht, die von 1803 bis 1815 für England, z. T. in Spanien, gekämpft hatte.
Der **Hohe Chor** mit gotischem 7/12-Abschluß und einer beherrschenden Kreuzrippenstruktur stand seit seiner Erbauung unter dem Patronat des braunschweig-lüneburgischen Herzoghauses.
Seit der Spätrenaissance wurde dieser wichtige Kirchenraum nach und nach mit kostbaren Kunstwerken ausgestattet. 1576 ließ Herzog Wilhelm der Jüngere (1535–1592) die **Fürstengruft** (**4**) für die herzogliche Familie anlegen. Sie diente bis zum Erlöschen der welfischen Celler Linie im Jahre 1705 als Grablege der Fürstlichkeiten. Später wurden hier noch die Herzogin Eleonore, ihre unglückliche Tochter Sophie Dorothea (1666–1726), die wegen ihrer Affäre mit dem Grafen Königsmarck als verbannte „Prinzessin von Ahlden" in die Annalen einging, sowie die ebenfalls wegen einer Affäre mit dem Grafen Struensee vertriebene Königin von Dänemark, Caroline Mathilde (1751–1775), beigesetzt. Der Prachtsarg des letzten Celler Herzogs Georg Wilhelm (1624–1705) ist ein aus versilbertem und vergoldetem Kupferblech gefertigtes Meisterstück der bedeutenden Celler Kunstschmiede P. C. Hornung und Conrad Hölling.
1576 wird von Wilhelm dem Jüngeren auch das **Epitaph** (**5**) für seine Eltern, *Herzog Ernst den Bekenner* (1497–1546) und seine Gemahlin *Sophie von Mecklenburg* (1507–1541), gesetzt (Abb. S. 15). Die in ihrem Aufbau strenge und klare Arbeit wird beherrscht von den zwei in „Ewiger Anbetung" knienden, im Profil sichtbaren Herrscherfiguren.
Im Zentrum des triumphbogenartigen Epitaphs ist das Kruzifix auf dem Kalvarienberg zu sehen. Den Hintergrund des mittleren Feldes bilden mit goldenen Lettern in den Himmel geschriebene Bibeltexte über einem Flachrelief der Stadt Jerusalem. Darunter liegt in dunkler Nische das Sinnbild alles Vergänglichen, ein Totengerippe. Das Epitaph schließt oben eine Ädikula ab, aus der sich segnend Gottvater herabbeugt. Sowohl das sparsame, aber sinnvoll sich ergänzende Gefüge der Inhalte, als auch der gezielt eingesetzte Kontrast der künstlerischen Mittel verraten die hohe

Könnerschaft der Gestaltung. Der Künstler ist unbekannt, wird jedoch im Umkreis des Cornelis Floris in Antwerpen vermutet.
Die **Grabplatten** (**10** + **11**) des oben erwähnten Herzogpaares stehen an der Ostwand des Hohen Chores. Die wohl nach einem Cranach-Gemälde gemeißelte Platte der *Sophie von Mecklenburg* zeigt in zarten, fließenden Formen die Herzogin in kostbarer Kleidung, behutsam eine Blüte in der linken Hand haltend; dagegen wirken die plastisch stark hervortretenden Formen des *Herzogs Ernst* männlich, machtheischend und in ihrer räumlichen Anordnung etwas ungelenk. Die an der Nordseite des Chores befindlichen Grabplatten der Brüder Wilhelms d. J., *Herzog Friedrichs* (1532–1553) (**13**) und *Herzog Franz Ottos* (1530–1559) (**12**), sind in der Gestaltung nicht so aufwendig. Die Herzöge posieren standesgemäß in ritterlicher Rüstung, ihren Helm haben die beiden früh Verstorbenen abgenommen und blicken frei in ein erhofftes, besseres Jenseits.
Das schwere, handwerklich solide **Chorgestühl** (**16**) wurde 1607 von *Johann Ties* hergestellt. Der fürstliche Zöllner Balthasar Niesen stiftete 1608 den in kunstvoller Renaissance-Ornamentik geschnitzten **Doppelstuhl** (**14**).
Im Mittelpunkt der Taufkapelle steht der im Jahre 1611 von Herzog August gestiftete **Taufstein** (**17**) – (Abb. S. 16) – der wahrscheinlich aus der *Werkstatt Jürgen Röttgers* in Braunschweig stammt. Gerahmt von betenden Putten, werden auf sechs Alabasterreliefs Szenen biblischen Geschehens gezeigt, die sich auf die Taufe und das Wasser beziehen: „Die Sintflut" – „Der Zug der Israeliten durch das Rote Meer" – „Die Geburt Christi" – „Die Beschneidung" – „Die Taufe Jesu im Jordan" – „Christus, die Kinder segnend". Alle Reliefs sind Meisterwerke der Spätrenaissance. Sie zeichnen sich durch die Sicherheit und Originalität der Komposition ebenso aus wie durch handwerkliches Können und Ideenreichtum bei der Formfindung. Auf den Alabasterflächen ist mit großem Geschick eine Raumillusion erzeugt worden, die den Blick in die Tiefe und auf die Zentren des Geschehens lenkt. Sehenswert ist die unterschiedliche Behandlung des Motives „Wasser", das etwa bei der Sintflut in mächtigem, aufbrausendem Strom Menschen und Tiere vernichtet oder bei der Taufe im Jordan neues Leben in vielfacher Hinsicht entstehen läßt. Die segensreiche Frische und die zerstörerische Kraft des fließenden und sich ausbreitenden Wassers werden hier gleichgesetzt mit geistigen Fluten und Gedankenströmen und der Mächtigkeit des christlichen Glaubens. Seit 1999 lädt der **Bergpredigeraltar** (**18**) von Erich Klahn, der von 1945 bis zu seinem Tode 1978 in Celle gewirkt hat, zur Meditation ein. Die Farbgebung und der Gestus der Gestalten sowie

die Zuordnung der Bilder des Triptychons sind Darstellung und Auslegung des biblischen Geschehens zugleich.
In den Dienst der Verkündigung einer frohen Botschaft stellt sich ganz und gar die künstlerische Gestaltung der **Kanzel** (**19**) – (Abb. S. 17) – aus dem Jahre 1684. Sie ist das Werk des aus Kopenhagen stammenden Künstlers *Peter Christian Limmer*. Die vier Evangelisten und der segnende, die Weltkugel tragende Christus lösen sich aus der flächigen Bindung des Kanzelkorbes und gehen mit offener und freundlicher Gestik und Physiognomie auf die Gemeinde bzw. den Betrachter zu. Winkende Engelsfiguren auf den Ecken des Schalldeckels und lächelnde Engelsköpfe zu Füßen der Figuren unterstützen das verheißungsvolle Geschehen, das begleitet wird von kostbaren Blumengirlanden und prallen Fruchtgehängen.
Es ist offensichtlich, daß Limmer in seinen Formen und Figurationen Bezug auf die Stukkaturen Torniellis genommen und damit zur einheitlichen Wirkung des Kirchenraumes beigetragen hat. Das kunstvolle Schnitzwerk an den Emporenbrüstungen und die plastisch-ornamentalen Verbindungsstücke von Haupt- und Vororgel, ebenfalls von Limmer geschaffen, belegen zusätzlich dieses Bestreben.
Eine Synthese und letzte Steigerung der Formkräfte aus Renaissance, Manierismus und Barock erfährt der Kirchenraum im Westabschluß. Hier verschmelzen die statisch-strengen Formen des **Fürstenstuhls von 1566** (**21**), der seinen Platz unter der Orgelbühne hat, mit dem explodierenden Feuerwerk der organischen Formen aus Ohrmuscheln, Knorpeln, Ranken und Blumengehängen an der Orgel. Die sprühende Vielfalt des Zierats wird gebändigt durch die strengen Senkrechten der Orgelpfeifen und die ausgewogene Symmetrie des Stuckwerkes an der tonnengewölbten Decke.
Die dem südlichen Seitenschiff angegliederte **Petershalle** mit Kruzifix und Altartisch aus der 2. Hälfte des 20. Jahrhunderts (**23** und **24**) wurde als **Raum der Stille** eingerichtet.

Die Orgel

Die erste Orgel der Stadtkirche stand seit dem 15. Jahrhundert wohl im nördlichen Seitenschiff über der Sakristei. Die heute zu sehende **Orgel** (**20**) stammt jedoch von 1653: Der Celler Herzog Christian Ludwig spendete mit dieser Orgel eines der seinerzeit bedeutendsten Instrumente in Norddeutschland, erbaut von *Hermann Kröger* und *Berend Hus*. Den prachtvollen Orgelprospekt schnitzten *Ahrend Schultze* aus Hoya und *Andreas Gröber* aus Osterode. Nachdem die Stadtkirche im barocken Stil umgebaut war, investierte der Celler Herzog nochmals in das Instrument und dessen prachtvolle Ausgestaltung: 1687 erhielt die Orgel zu Haupt-

Orgel von Harmen Kröger mit dem Prospekt von Ahrend Schultze und Andreas Gröber, 1653

werk, Rückpositiv und Pedalwerk noch ein Brustwerk hinzu; 1697 erfolgte die reiche Vergoldung und wohl auch die ungewöhnliche Bemalung der Orgelpfeifen. Berühmte Kantoren und Organisten wirkten in dieser Zeit an der Stadtkirche und am Hofe, so *Delphin Strungk* (1601–1694), *Wolfgang Weßnitzer* (ca. 1615–1698), *Joh. Georg Kühnhausen* († 1714) und *Melchior Brunckhorst* (1670?–1725). *Johann Sebastian Bach* studierte bei seinem Besuch in Celle um 1702/03 die hier gepflegte französische Hofmusik. Es darf angenommen werden, daß er mit M. Brunckhorst bekannt war und auf der Stadtkirchenorgel gespielt hat. Bis zum Jahr 1912 blieb die Barockorgel fast unverändert, lediglich wurden 1834 die Windladen ausgetauscht. Mit dem Bau des Kirchturmes aber erschien das Werk als nicht mehr zeit-

Reichverzierte Kapitelle aus Stuck im Kirchenschiff

Rückwärtige Umschlagseite: *Konsole am Altar*

gemäß: Es wurde abgerissen und durch ein neues, spätromantisch geprägtes Instrument der Firma Furtwängler & Hammer ersetzt. Der Denkmalpflege hat Celle jedoch den Erhalt der prachtvollen Fassade zu verdanken, hinter der die neue Orgel eingebaut wurde. 1969 wurde diese Orgel ersetzt durch eine viermanualige Orgel der Fa. Kleuker.
Bedingt durch die Stuckdeckensanierung der Jahre 1993–1999 mußte die Orgel abgebaut werden. Da der historische Orgelprospekt starke Schäden aufwies und das – künstlerisch eher mittelmäßige – Orgelwerk von 1969 ebenfalls schadhaft war, entschied man sich für die Rekonstruktion der Orgel von 1687. In den Jahren 1997–1999 wurde das gesamte Orgelgehäuse durch Orgelbaumeister *Rowan West* aus Ahrweiler in traditioneller Tischlerarbeit wiederhergestellt; die historischen Teile wurden freigelegt und restauriert. In den Bautechniken der Schule *Arp Schnitgers* wurde das klingende Orgelwerk rekonstruiert; die historischen Prospektpfeifen wurden mit Zinnfolie foliert und wieder auf den Originalklang zurückgeführt. Durch ein zusätzliches Hinterwerk, das auch Musik andere Stilepochen spielbar macht, hat die Orgel nun 50 klingende Register auf 4 Manualen und Pedal.

Die Glocken

In der Glockenstube des Turmes hängen heute drei über 200 Jahre alte Glocken. Die älteste wurde 1664 von Ludolf Siegfried aus Hannover gegossen.

Die Stadtkirche als geistliches und geistiges Zentrum

Seit 700 Jahren ist die Stadtkirche geistliches und geistiges Zentrum eines Gemeindewesens, das stets offen war für die drängenden Fragen der Zeit und des Glaubens. Innerhalb ihrer schützenden Mauern haben Generationen hohe kirchliche und familiäre Feste gefeiert, haben Trauer- und Jubelfeiern stattgefunden, haben junge und alte Menschen das Wort Gottes vernommen, haben Arme und Reiche Trost gesucht, haben Konzerte, Theateraufführungen, Ausstellungen und heftige Diskussionen den Kirchenraum belebt, und nicht zuletzt haben hier herausragende protestantische Kirchenmänner in allen Jahrhunderten gepredigt und gewirkt. Ohne die Stadtkirche und die von ihr ausgehenden Impulse wäre das Leben – auch in der gegenwärtigen Gesellschaft – für viele Menschen ärmer.

Dietrich Klatt

Literatur: Cassel, Clemens, Festschrift zur Gedenkfeier des 600jährigen Bestehens der Stadtkirche, Celle 1913. – Boehn, Otto von, Die Stadtkirche zu Celle. Norddeutsche Kunstbücher, Celle 1927. – Cassel, Clemens, Geschichte der Stadt Celle, 2 Bde. Celle 1930/34. – Siebern, Heinrich, Die Kunstdenkmäler der Provinz Hannover, III, 5, Stadt Celle, Hannover 1937, S. 19–57. – Festschrift: 660 Jahre Stadtkirche Celle, 1308–1968, Celle 1968: Rickleffs, Jürgen, Zur Geschichte der Stadtkirche, S. 15–38; ders., Celle als kirchlicher Mittelpunkt des Lüneburger Landes, S. 75–81; Zweite, Armin, Der Altar der Stadtkirche, S. 39–46; Busch, Ralf, Die Emporen der Stadtkirche und ihre Malereien, S. 47–53; Schaar, Walter, Urbanus Rhegius, S. 68–74. – Dehio, Georg, Handbuch der Deutschen Kunstdenkmäler. Bremen–Niedersachsen, München 1977.

Fotos: Dietrich Klatt, Celle.

Öffnungszeiten der Stadtkirche: Dienstag bis Sonnabend 10–18 Uhr.
Sonntags nach dem Gottesdienst.

Kirchturmbesteigungen: In den Sommermonaten Dienstag bis Sonnabend 10–12 u. 14–16 Uhr.

Abonnement: Unsere „Kleinen Kunstführer" durch Kirchen, Schlösser und Sammlungen im europäischen Kulturraum können beim Verlag abonniert werden. Die Reihe wurde begründet von Dr. Hugo Schnell † und Dr. Johannes Steiner †.

Schnell, Kunstführer Nr. 1986 (von 1992) 7., überarbeitete Auflage 2001

Leibnizstraße 13, D-93055 Regensburg
Telefon: (0941) 78785-0 · Telefax: (0941) 7878516
Druck: Erhardi Druck GmbH Regensburg

ISBN 3-7954-5707-6